사진촬영_ 신경숙

지윤영

어떤 입술

애지시선 077

어떤 입술

2018년 7월 30일 초판 1쇄 발행

지은이 라윤영
펴낸이 윤영진
편 집 함순례
홍 보 한천규
펴낸곳 도서출판 애지
등록 제 2005-000005호
주소 34570 대전광역시 동구 대전천북로 12
전화 042 637 9942
팩스 042 635 9941
전자우편 ejiweb@hanmail.net

ISBN 978-89-92219-76-1 03810

애지시선 077

어떤 입술

라윤영 시집

ㅁ 시인의 말

부서지는 시간 속에

날것으로 역동하는 입술이 있어서

그 입술을 사랑하는 당신이 있어서

행복한,

2018년 여름 의정부 신곡동에서

라윤영

차례

제3부

제1부

부활

보이지 않는다

풀의 침실 노란 숨결

움직이고 싶어

조금만 더

하얗게 가라앉는

빛의 말은 모호해

꿈틀거리는 흙의 뼈

다시 볼 수 있을 때까지

새로운 곳으로

자라기 시작하는 뼈

풀잎 속 붉은 고백을 듣다

이곳은 약간 어두운 곳
여전히 기다리는 중이지
벌레 먹은 푸른 입술
풀기 잃고 시들어간다

목소리는 갈라지고
빗소리를 따라 쏟아지는
모든 얼굴은 흐릿하다
돌아가지 않기 위하여
안간힘으로 오늘을 버티네

어제까지 허연 이
드러내고 웃던 이팝나무 아래
다른 사랑을 꿈꾸는 침실
다시 일어서면 없어지는
풀잎

머리를 숙이고 눕는 벌레들
애기똥풀은 말이 없지만
나는 듣고 있지
아무것도 아닌 웃음을 위해
흠뻑 젖어드는 붉은 혀
취하는 하얀 술산

울음 속으로 물드는
복숭아의 노래
툭 떨어져
가슴께 얹혀 있다

맹독 품은
꽃뱀 한 마리,
영원을 두고 한 고약한 거래였지
물릴 때까지 빨아먹기로 했던
살점 하나

소화를 마친 융털돌기
이슬 쓰고 발기한다
몸 깊숙이 감춘다
죽은 듯 살아 있다

돌아온 오월
찾아온 허기
종로를 벗어나지 못한 채 헤매고 있다
들어온 문이 없듯
나가야 할 문이 지워지네

여기는 어디일까
날것 하나 갇혀 있는

마지막 기억

늘 좋은 기억은 아니었다
때로는 준비하지 못한 현실로
고민하는 아버지와 어머니 뜬 눈으로 엿보았다

다음 날 학교에 가서 목에 줄을 긋고
며칠 동안 상처를 감추었다
꼭 꼭
아무도 모르게 아팠다

처음 타보는 종이배
아이들 웃음소리 들려온다
특별하지 않을 수학여행 전 날
바람이 부드럽다

살살 다치지 않게
겨드랑이 간지럽힌다

잠들 수 없었다
이러다 우리 정말 죽는 거 아냐
선생님은 어디에
이 거 너 입어
너는?

조금 시간이 흐르고

친구들이 신발을 버리고
물고기처럼 바다를 수영한다
이상한 사람이
팬티만 입고 도망친다
내 친구는 방탄유리를 딱딱하게 부수고
조금씩 없어지고 있다
아버지의 노란 굳은살이 떠오른다
무감각하게 배는 가라앉는다

하느님, 살고 싶어요

내일이 오지 않는 오늘을 죽고
언제일지 모를 다음 수학여행을 위하여
마지막 수업이 그렇게 끝나고 있었다

사월

이해할 수 없는 이야기들이
지난 밤 악몽으로 지나가고
집단적으로 뛰어내리는 신발들이
물 위에서 헤엄친다

잃어버린 신발은 자리를 잃고
점점 어두워져가는 골목
명확한 발음들이 흐려질 때
한 잔의 술이 입술을 마주치기도 한다
돌아오지 않은 내일이
인파人波 속으로 파묻히고 있다

사월의 꽃은
어김없이 사랑을 고백하는데
발톱들이 양말을 뚫고
수중水中에서 잃어버린 신발을 찾고 있다

두 개로 나누어진 세계

사랑을 사탕이라고 말하면 안 되나
계절을 주워 먹은 입술과
다른 풍경이 도망간다
꿈이 다리를 벌리고
동쪽과 서쪽으로 갈라진다

충분히 가벼워지는 백합
나는 듣는다
당신을 만나 단 한 번도 행복한 적이 없어요
가난한 웃음이 마른 풀잎을 지나
구름 속으로 스며든다

벌거벗은 개

화단에 흐르는
푸르른 배경음악
미동 없는 발자국
저녁을 독서하고 있다

붉은 입술 밀봉한 엽서
싱싱한 웃음을
낭송하는 식물의 발음
헤어지는 봄을 찍어 페이지 넘긴다

연체이자 쌓여있는
지난 계절의 출입문
만취한 소주병 하나
개 웃음의 습격 받는다

구멍 난 취침등 표면
고요히 입주하는 초록
푸른 손톱 등에 자라나고

차가워지는 당신을 위하여
도둑맞은 나를 찾으러 간다

무엇을 위해
오늘을 견디고 있나
검은 잉크 속 잠적한
비밀계좌를 발굴하고
벌레는 기억을 갉아 먹는다
눈동자와 음침한 혀
기습적으로 피하고 있다

노동을 버린 여자의 집
누구 없으세요?
생활은
비망록 속으로 사라지고
여자를 밟는 벌거벗은 개
사람의 표정으로 웃는다

재개발지구

여기는 폐업 공장
깨진 유리창 사이
재생되는 음부의 시간
어두운 방 침전된 눈물
딱딱한 수십만 년 전 편지
비관적인 먼지 쌓여 있다

둥근 빈 터 꽃나비
여기에도 거기에도
끼이지 못한 허공지휘자
자괴적인 희망 연주하고 있다

파란 침대
입석하지 못한 엉덩이들
겨울은 알몸으로 멍들어가고 있다
여러분의 심장은
동일한 주파수로 찢어지고 있다

봄을 망각한 입술
밀봉된 한 권의 책
불복종 나무들
암매장된 머리에 바닥을 박고 있다

살아있는 이 땅 개미들
땅 속 봄을 건축하고 있다

풍경

방금 다녀갔다
정지화면 속으로 나는 빠져든다

콘크리트 벽면을 넘고
깊은 맨홀을 지나 두 손 모은다

질긴 발목을 베어 물은 너는
겁이 많은 짐승이다

아름다운 들개들
구름조각을 먹어치우는 오랜 어금니

너의 잘못은 아니야
운명은 마지막까지 침묵

모든 고요와 함께
망친 그림을 안고서 웃고 있는

현상 수배범 나의 하느님

맨땅에 풀이 자라나고
다시
시간이 열린다

어떤 입술

들어갈 수 없는 문이 있었네

골목 지퍼를 잠그고

조용한 밤이 걸어가네

문을 열어줄래?

방 안엔 오래된 그림들이

집을 나간 애인을 기다리듯

벽 속 시간은 고요히

그림자는 모두 지나간 말

벽 속에 문장을 만들고

다시 짓는 빈집

기억이 할퀸 손톱은

풀잎 푸른 입술도

또다시 파르르

발음하는 어떤 입술

비밀의 혀를 숨기고서

사과를 탐하다

사과 반쪽을 잃어버렸다

허공의 소파에 앉은
노랑머리 여자 옷을 찢고 있다

지난 상처 어금니로 벗기고 있다
보드블록 안 수류탄이 자고 있다
손목 힘을 빼고 안전핀을 안전하게 놓아 버리세요

담벼락 아래
검은 씨앗 자라나고
장미는 붉은 글씨로 읽네

나는 매일 혼자 자는 걸
숲 속 나무들 질투하고
살아있는 존재는 존재한다

다시 만나는 저쪽

새의 깃털과 한 잔 보드카
바닥 눈물이 되어 번지고 있다

여기는 발자국 은거하는 거리
스며드는 모든 것
그늘이 되고 있다

사과가 사라진 이 거리는 맛이 없다

사라진 엉덩이

전봇대 두 팔을 벌린다
화단의 꽃은
벌에게 나비에게
헤픈 몸을 허락한다
몸을 주는 게 아니야
그럼 뭘 주지?
모든 것

모든 것 안에는 모든 것들이 들어있다
보수공사는 아직 끝나지 않았어
다시 고치며 친절하게 걸어가는
먼지의 발은 가볍다

모든 가벼움은 멀리 있다
애인을 만나 욕을 먹고
다시는 볼 수 없을 것 같은
철없는 계절들은 저기에

늦은 아침을 만나고
역전 의자에 내려앉은 먼지처럼
엉덩이들의 자리는 어디였지?

열차들이 행선시 없는 곳으로 떠나고
잃어버린 자리들은
모두 역전의 엉덩이가 된다

기억이 사라지듯
사람이 사라지고

전봇대의 팔이 움켜쥔 그것처럼
보이지 않아도 되는 사람들
잠시 뒤,
엉덩이들이 사라졌다

폐교

옛 교정엔 긴 겨울이 지나고
봄이라고 써보지만
봄은 지난 시절 나무가 되어버린
이파리처럼 오지 않는다

지나간 것은 모두 의미 있는 시간
손가락에 힘을 주어 기록한다

나의 시간은 찢어진 종이 노트
여백에 남겨진 상처가 되지 않기를 기도하였다

쓴웃음을 포개어 쌓아가는 오늘과 내일이
수족관 속 물거품으로 부서진다
도마 위에 놓인 검은 우럭은
등지느러미에 힘을 주어보기도 하고
아가미는 안간힘을 다해 숨 쉬고 있다

칼자루에 가격당한 우럭이
지난 꿈을 기억하는 동안
물결은 바다를 해부하고 있다
폐교한 학교 텅 빈 운동장엔 산수유가 피었다

한 마리 나비

붉은 입술과 파란 눈동자를 지닌
바람의 질문은 평범하다
모든 입술은 새의 발자국을 부르지 않는다

그림자들, 손톱으로 자란 먼지
손가락 사이 미끄러지는 물음들
때 묻은 계절 할퀸다

생활의 그림은 어디 갔지?
급한 걸음으로 다녀가는 하늘

애인이 몰려온다
입술의 구름을 핥고 싶다

돌멩이 되어 걸어가는
어떤 시간과 이름들

꽃에게

나비는 자신을 발음하지 않는다

푸른 여자

고공강하 하는 해고 노동자
깨진 소주 한 병 바닥에 스며든다
허공이 되기 위하여
잠시 외로워지기 위하여
하얗게 흩어지는 솔직한 눈물
지금을 밤이라고 부르자
두 눈을 감는 날카로운 꿈
두개골로 호흡하는 유리조각
하늘은 커튼을 내리고
풀잎들 옷을 벗고 있다
공회전하며 신음을 내는 모터
목장갑 밖으로 발기하는 붉은 얼굴
푸른 여자를 물끄러미 바라보네
어깨를 빌려 드릴까요
베란다를 조심하세요
붉은 색연필로 지운 눈썹을 지닌 여자
푸른 걸음으로 거리를 개척하고 있다

분홍 여자

넋 나간 표정 벌거벗은 나무
한 달 내내 번 돈을 도둑맞은 눈빛으로
가을을 바라보고 있다
골목길 철없는 울음 바람을 뚫는다
돌격하는 팔목을 휘감는 긴 머리 여자
질서 없는 포장마차촌에 멈춘 발들
허구적 진실을 웃고 있다
여자를 떠나보내는 것과
일평생 번 돈을 첨탑에 빌려주는 것은 동일하나
돌아오지 않을 그 지갑
분홍으로 물든 하늘
여자가 빛을 가리고 몽환적으로 웃는다

서쪽

불편한 어제를 지우고 지금 떠나고 있다
불친절한 구름 사라지고
담배연기 바닥을 포격하고 있다
헤어진 신발들 흩어지는 연도를 따라 웃음을 만난다
질척거리는 이 거리는 누가 웃고 갔나
정오와 헤어진 얼굴이
방금 전 웃음으로 지나갔다
하나의 풍경을 위해 새는
햇볕을 조금씩 찢어 먹고 있다
우리 동네는 어디서 살고 있나
겨울 눈사람 건축된 이곳
늦은 봄으로 계절이 사라지고
서쪽의 열쇠를 잃어버렸다
너의 말 안에 잊어버린 얼굴이 살고 있다
들풀 밟히고 가지 끝 춤추는 벌레와
다른 웃음으로 우는 나무들
기억이 살고 있는 그림자 안 깊은 세상

낯선 말이 낯익은 얼굴로
이상한 계절을 따먹고
쓰러져 나간 굳은살들
에덴은 죽은 씨앗 꿈틀거리고 있다
옆구리 속으로 침투하는 칼날 하얀 손
나시 시작해
모든 절망이 멈춘다

유토피아

지는 꽃잎
모든 길은 표정이 없다
땅바닥 공장을 짓는 개미
담배꽁초를 집어가는 노숙자
빠른 걸음으로
여러 개의 발바닥 사라진다

손이 차가와질 때
스며드는 슬픔이 소멸되고
멀리 간 귀들이 거리에 버려져 있다

가난한 사람이 울타리를 뛰어 나온다
빈 병 쓰러진 굳은 거리
이 세상에 없는 곳을 향하여 버스가 지나간다

푸른 집 잠을 잔다
옷을 버리고 껍질을 찢어버리는

아주 긴 손톱이 붉은 체리를 먹는다
유토피아가 저기에서 웃고 있다

내일이 사라지고 있다

돌계단을 오른다

오른발과 왼발은 다른 발자국을 남긴다

기울어져가는 시곗바늘

먼곳을 가깝게 걸어간다

그림자 저녁을 우회하고

사라진 얼굴들 사라진 채 돌아온다

가면을 쓰고 비어버린 월급통장

나이테를 지워버린 그루터기 하나

모든 사랑은 목마르게 노동한다

제2부

감금

터널로 진입한 열차 오래전 꿈을 꾸고
바다를 건너가던 구름
손과 다리 사라진다
햇빛은 늦은 약속을 지우고
지나간 발자국 낡은 하늘에게 화를 내고 있다
무엇이 보이지?
지금 보이지 않는 것을 보고 있다
어색한 풍경으로 헤어지는
십자 망선 위 위선자들
첨탑은 진실하게 웃고 있다
지하계단 오랜 우울을 쓰고 있는 빛
촛불을 켜지 못한 방 어두워지는 두개골
사랑해
어디선가 들려오는 미친 소리
유리접시 깨지고
깡마른 빈병 잃어버린 계절을 주워 담는다

개미가 개미에게

톱날에 베인 나무처럼 공장에서 해고당했다
호주머니에 남은 천 원짜리 지폐와 동전 몇 개
공원 빈 의자에서 깡소주를 들이켠다
이유 묻지 않는 낡은 의자가 자리를 내주었다
땅바닥에 개미가 지나간다
나도 가난한 일개미였다
앞만 보고 가는 개미 앞을 딱 막아섰다
멈칫 올려다 본 개미와 눈 마주친다
개미를 보는 개미는 안다
검은 몸뚱이 험한 세상 앞만 바라본 행로를
밟혀도 죽고 강물을 만나 돌아가기도 하고
때로 향기 좋은 꽃밭을 지나기도 했다
푸른 이파리는 허공의 좋은 침대다
나무에 올라가 운수 좋은 날
하늘광장의 흰 구름 휘휘 저어 구름지도를 새겼다
골목길 따라 발자국 도장을 찍고
개미가 개미에게 가고 있다

돌멩이

저기, 별은 누가 던진 돌멩이일까
한 무리의 돌멩이 별무덤 되었다
재개발지구 회화나무들
자라지 못한 잎들 지상으로 입관하였다
입을 함구한 나무들의 향거
바람에 꽃이 지고 풀잎들 한쪽으로 기울었다
발부리에 채인 돌멩이를 정원에 심는다
입을 다문 정원의 꽃들
이별의 블루스 들리지 않는
담벼락 넝쿨들 푸른 멍 들었다
씨앗들 거친 땅 뚫고 돌틈 사이 돋아주기를
세상의 나무들처럼 하늘로 올라서기를
누군가의 손에 닿으면 돌멩이는 별이 되기도 하였다
돌멩이 하고 부르면 바람의 손에서 날아가
오늘, 시가 되기도 하였다
여기 돌멩이 하나 있다

요정의 눈

캄캄한 곳
나는 아직 기다린다
검푸른 아버지의 등 황토빛 두 손
자꾸 뒤쫓아 오는 커다란 숲
도망가야지
여기는 너무 무겁다

어제의 일이 기억나지 않는다
술에 취한 사람은
다른 언어를 사용하고 있다

굵은 비가 농부의 낫처럼 날카롭다
저녁 해를 타고
다음 세상으로 가버린 아버지

그곳에 없는 노동과 허기

수많은 단어들 서로 등을 맞대고
사람들 눈동자 빼먹고 있다
딱딱한 나의 부리는
얼마나 많은 문장을 배불리 먹을 수 있나

맑고 커다란 눈동자를 부탁해
보이지 않는 것들을 볼 수 있도록
너무 맑아서
지금 있는 것들과 헤어지기로

흔들리는 입술을 안을래
잊혀지는 모든 가벼운 것들을

망각

여자라고 쓰면 여자는 허공이 된다
두 팔 두 다리로 버틸 수밖에 없는 철야
살이 으깨지고 부서진다

출입문을 통과하지 못하고 라면이 먹고 싶을 때
찌그러진 동전이 증거인멸 되고 있다
그림자들 숙영지를 더듬고
들고양이들 허기진 발자국을 남기고 있다
모든 의문부호는 축약되거나 생략되어야 할 일
맨몸으로 별 한 점을 바라봐야 한다

어린 아이들 모두 도망간 놀이터엔
어디에도 여자는 없었네
질퍽한 거리를 밟고 있는 나는
리어카가 끌고 가는 여자를 발견한다
늙은 여자는 폐지 아래
젊음을 매장하고 모르는 척하고 있다

수거된 창백한 얼굴엔 햇빛이 없다
여자가 사라진 딱딱한 이 거리를 읽고 있는
당신의 이름이 기억나지 않는다

따뜻한 동그라미

햇살은 웃음을 머금고
나무는 종이 위에 동그라미를 그린다
나를 담아내는 둥근 원 하나
마당에 나무가 자란다
나무의 몸은 둥글다
모자를 쓴 나무의 머리
창에 기댄 그림자 손 뻗으면
우울을 창작하는 화가처럼
고요는 기억을 붙잡는다
노을 발자국 따라가던 흔적 지워질 때
지우개 달린 연필을 쥔 손가락과
하늘 긁어놓은 손톱 우주 속으로 달아난다
그 해 겨울 꿈틀대던 별이 말하던 파란 꿈
밀려드는 급한 잠과 사라진 새의 깃털
안과 밖의 간극을 깨고
뚝 떨어지던 열매 하나
허공이 이불처럼 따뜻하다

밑줄 친 희망

천장이 울고 있다
습기 찬 다락방
눈물짓는 한 평 단칸방
미래를 암기하는 열여덟 밑줄을 긋고
찌든 작업복 시든 은행잎
검정고시 학원 앞 앙상한 나무
후암동 골목을 껴안는다
백열전구 아래
꽁꽁 얼어버린 스무겹의 무게
남산 기슭 다시 펴는 얼룩진 페이지
다락방 입술이 푸르다

느린 세계로 가고 있는 정오

큰 눈을 지닌 나무는 말한다
아이스크림을 좋아한다
달콤한 눈물을 사랑한다

입술을 훔쳐 먹는 아이스크림
웃음을 복사하는 행복을 위해 불행해지는 계절

우리는 텅 빈 눈을 가졌고
더 이상 자라지 않을 키를 갖고 있다

가볍게 존재하는 어둠은
기계 속으로 빨려 들어가고
관절이 어두워질 때
손목은 혀를 내밀고 기억을 핥는다

웃음을 팔아먹는
얼굴을 보고 있는 나무

커다란 그의 눈 속으로

어떤 사랑

숲 속에 빠져 있다
자라지 못한 나무
허리 꺾인 풀줄기
이곳은 어둡지만 선명하다

맑은 이슬은
조금 더
라는 의미를 가지고 있다

엉킬 혀가 없어도
구부릴 음절이 없어도
너희들은 속삭이고 있다

작고 하얀 푸른 눈
놓치지 않기 위하여
그곳으로 걸어간다

나무와 새 그리고 숲
무거운 옷을 벗어 던지고
구부러진 길이
하늘을 향해 발기하고 있다

마지막 노래가 들려올 때

너는 자연스럽게 기울어지는
한 쪽을 지녔다
서쪽은 늘 외로운 동네
검은 비닐봉지는 헤매는 날개를 지니고 있다

환상을 버리고 걸어가는 바나나의 다리는
헤어진 여자 친구를 닮았다
능청스럽게 혓바닥을 핥고 있는 검은 입술
붉은 희망이 묻은 껍데기를 벗기는
즐거운 마조히스트

마지막 인사는 다음에 하자
나는 지금 가야 하니까
사람들은 이상한 사람을 사랑하고 그리워 한다
여기에 없는 사람처럼

종이비행기가 몇 칸의 아파트를 뚫고

커튼 사이를 엿보고 있는 동안
우리는 칼을 던지고
피지 못한 꽃을 집어 던진다

침묵이 길어질 때
비행기가 말한다
돌아 올 수 없는 것만을 사랑해

숨을 가다듬고 자세를 낮춘다
총알이 허공을 관통하고
너를 못 본 척할지도 모른다

종이비행기가 저쪽으로 가고 있다

달맞이 꽃 진 자리

담장을 훌쩍 뛰어넘던
키 작은 아이
사라진 그 자리

고통은 기억을 밟고 지워졌던
딱딱한 흔적 숲을 탐색하고 있다
울창한 수풀 모든 걸 숨기려해도
튼튼한 살갗 하얗다

둥근 여자
부서진 망막
오늘 밤은 살해되고 있다
빛이 없어도 길은 열려 있다

시간은 자물쇠를 열어주지 않지만
붉고 푸른 발바닥
웃으며 사랑하고 있다

꿈결

긴 다리가 한 걸음씩 지나가고
도착하지 못한 바람은
어깨를 톡톡 건드리고 있다

숨어버린 빛
찢어진 구름 사이
희미한 땅이 보인다

그곳에 버려진 무표정을 이해하기까지
오랜 시간이 멈출지도 모른다
작은 아이는 좁은 골목에 서 있다

바닥에 채워지는 물방울은 꽃을 찾지만
그늘진 거리 작은 아이는
질퍽한 걸음으로
모퉁이 길을 빠져 나가고 있다

한 발짝 성큼 숲

숲을 걸어가는 벌레는
숲은 숲이 아니라는 걸 안다
몇 번의 전쟁을 치르고 나서야
살아있음을 알아차린 새들은
먹잇감을 찾아 떠난다

바닥을 기어가는 벌레들
딱딱한 부리로 부수고
감춰놓은 혀 속으로 빨아들인다

허기는 노동을 전도하고
숲은 구원을 감춘다
늘 푸르기만 할 수는 없어서
해와 달이 헤어질 때 늙어간다

벌레로 산다는 건
창틈 사이 사라지는

미세먼지의 입술로
너를 부르는 것

때를 맞추지 않아도
적당한 습기로 젖어가는 저녁 그림자
꿈틀거리는 벌레 한 마리
숲이 날아가고 있다

저기에서 부는 바람

어디서 이상한 바람이 불어오고
배꼽 아래 다리가 누워있다

습기를 말리고 있는
하얀 빨래들
여자는 빛을 잡고 있다

빛은 몸이 없어도
따뜻한 살갗을 드러내고 있다

오늘 다녀간 꿈
그림자는 멀고 어둡다

엉겨 붙은 잔해들
차가운 등허리가
따뜻해질 때까지
비행기에 올라타자

횡설수설하는 바람이 귀를 닫고
스스로 녹는 아프리카

축축한 골목은
잃어버린 사람이 남긴 발자국
손목은 닫은 창을 열고
여러 가지 구름이 입술을 열고 있다

서성거리는 굴절된 발목들
깊은 계절 속으로 사라지고 있다

가벼운 껍질

친절한 말을 하는 입술이
건물 안에 풍선이 되어 떠돈다

묵념하는 수도승의 벗겨진
해골들이 취해가고 있다

우리들이 가진 혀는
거칠고 가파르다

어떤 생각은
하늘을 보고 있고
어떤 말은
출입문으로 도망간다

미워하지 않는 눈빛으로
텅 빈 웃음 만들고 있다

구름이 되었다가
쏟아지는 눈물
멀어지는 웃음
감춘 속살이 둥둥 부유하고 있다

다음 계절이 나를 부를 때

풀잎은 젖어도
슬퍼하지 않는다
찾아오던 벌나비가
보이지 않아도
공간을 비행한다

먼지는
손과 발이 없지만
물방울 속에도
눈동자 속에도
가벼운 무게를 내려 놓는다

모든 것이 가벼워지도록
기울어진 어둠을 등에 지고
빗방울이 떨어진다

내일이면

사라질지 모를
모퉁이 길

여기에 없는 것을 찾는
풀잎 발자국
웃고 있는 모든 길

흩어진 것들을
서랍 속에 다시 담는다

휘어진 길

어두운 근원적 고통을 먹고 있는 물방울
오랫동안 바라보는 저물녘 붉은 하늘
서로를 사랑하여 갈라지는 길 위에
흔들리는 풀잎

더 깊은 곳으로
휘어진 여자의 등이
골목을 구부리고 있다
썩어가는 나뭇가지를 밟고
새벽을 뛰어 넘는
새 한 마리

먼지 투성이 골절된 발목으로
언덕을 날아가고 있다
하얀 눈물이 웃을 때까지

찢어지는 웃음

찢어진 청바지가
푸른 계절을 물고 지나간다
무거운 거리 입술을 숨기고
웃고 있는 가벼운 고양이

구멍 난 마음속으로
다가오는 차가운 통증
날카로운 손톱이
긁고 있는 검은 등허리

아름다운 풀잎 한 장 되기 위하여
무수히 떨어지는 물방울

여자라는 다리에 스며드는 차가움

손가락을 파묻을 때
청바지가 젖는다
살갗 속에서 고양이가 웃는다

검은 구름과 다이아몬드

이파리 떨어지는 저녁 모든 것 기다린다
손 끝
다이아몬드 하나 찍어 박는다

엉덩이 안에 당신 세계가 있다
모호한 경계 은유적으로 서성이고 있다

도망가는 당신
나무 의자에 내려앉은
발기하는 입술 빨아먹고 있다

첨탑 위 불침번 별을 흉내내고
푸른 노을 뼛조각 발라낸 비밀구름들

며칠 굶은 개떼들
하늘의 검은 등허리 밀어내고 있다

추상적인 웃음으로

허공에 빛나고 있는 검은 구름

죽고 있는 농담

은행잎 푸른 드레스 입고
유람하는 농담 춤 춥니다
장례식장 한쪽
급하게 걸어오는 혀는 거칠어 보여요
접시에 담긴 욕 덩어리
당신의 입술은 검고 헤프죠

달콤한 소주를 마시면
스며드는 농담이 되죠
우리는 헤어짐에 익숙한 이별자들
주문하지 않았던 해직통보서
묵직한 돌멩이 심장을 폭파시켜요

비무장지대 무한 휴무일
퇴직금 없는 허기의 질주 이어집니다
영혼이 들려오는 하늘
밤하늘을 통째로 비벼먹고

투병하는 우리들

입관하는 장례식장 하얀 눈 내리고
즐거움으로 아우성치는 우주의 집

제3부

화장을 지운 그 여자의 이름

여자가 화장을 지운다

사람들은 어려운 말과
알아듣지 못하는 귀를 지녔다

힘을 뺀 낙지가 어깨에 살고
가벼워진 채 혼자 지껄이고 있다

허공의 귀를
겁먹은 복서의 눈으로
만지작거리는 여자가 지나간다

나는 편안해진다
입술을 빨아먹는 바람이 혀를 내밀고
온 동네를 돌아다니고 있다

모호한 경계

거꾸로 걸어가는 발목
헤어지지 않을
확률에 대해 생각하는
나무의 대답 들리지 않는다

개를 먹고 있는 꽃잎
업무적으로 해산하고 있는 물방울

하얀 당신
주의사항 숫자들
곡선으로 비틀거린다

문을 여는 남자와
문 닫는 여자
입술을 교환하고 있다

시베리아로 떠난 여자가

다시 돌아오고
어깨를 빌려준 남자가
독립적으로 걸어가고 있다

저 끝에 있는 것

똑같은 공간에 서 있는
두 입술은
서로 다른 소리를 내고 있다

불규칙적인 발음으로
탁구공만 한 이름이 뛰어다닌다

다리를 감추고
도망가는 비행기

구름과 구름 사이
움푹 들어간 보조개 웃고 있다

웃음 뒤에 숨어있는
훔쳐간 낱말들

한 잔 물결로

취해가는 두 발바닥

늦지 않게 돌아가는
신작로 체중이 무거워진다

애벌레는 땅바닥에
엉덩이를 의탁하고
얇은 눈썹으로
하늘문장을
어린아이처럼 배우고 있다

갑자기 날개가
옆구리에서 태어날지도 모른다

다리가 풀리면서
나비가 서로
팔을 묶고 지나가고 있다

첫 문장

욕설과 허기로 비벼진 하얀 생명
먼 여행 기다리고 있다
보이는 것과 보이지 않는 세계는 전투 중이다

공간이 벗겨지고
굴곡진 어깨 비틀거리고 있다

떠오르지 않는 햇살
문장이 사라지고 멈춘다
철거된 연두 잎
오랜 허기 견디고 있다

공원바닥 손목과 헤어진
삽 한 자루
가출한 소년처럼 위태하다

돌아갈 수 없는 길

바람의 씨앗으로 매복하고
높아지는 숨결
되돌아가는 발목은
더 오래된 어제를 노출하고 있다

처음과 끝
생生의 첫 문장이 기억나지 않는다

노숙

휴일이 돼지껍데기처럼 두꺼워지고
약속된 막일이 찾아온다
가을이 걸어가고 마주친
다른 가을이 뒤통수를 때리고 있다

얼굴은 거울 속에서 지루해진다
거미줄 자란 눈썹이 어두워지고
몇 년 전 편지엔 주소가 없다

빗방울 씻어내는 추억이
햇빛을 지운 담벼락에 스며든다
지나간 여자를 상상하고
행복한 일상에 골몰하고 싶다

침묵이 길어지고
허공에 박힌 벌레 꿈틀거린다
돌아오지 않을 여자를 위하여

오래된 밤 구토를 하고
구겨진 신문지 위
지워진 글자를 뚫고
풀 한 포기 자라고 있다

배는 물들어간다

노래를 부르며 걸어갑니다
은행나무가 딱딱하게 굳어져갑니다
거친 피부인데 부드러운 발음으로 말하네요
몸뚱아리 한 곳이 아려옵니다

노래는 끝났습니다
아무도 듣는 귀를 지니지 않았네요
진동하는 저 소리는 무엇인가요

인간을 인간답게 만드는 소리가 있습니다
정의, 양심, 평화, 사랑, 따위의 부스러기 말들
낯선 감정들을 지우며
그 혐오 속에서도
아기는 새록새록 잠자고 있습니다

어디서 날아온 나비가 꿈이라고 하는데요
믿어도 될까요

우리는 노란 배를 타고 가는데요

숲이 어두워질 때

어둡고 습한 공장
먼지는 발을 감추고 탈출한다

향유할 수 없는 붉은 도가니
뜨거운 껍질이 많다

모든 껍질 안에 있는
붉고 맑은 속살

석양의 푸른 이야기를 듣고 싶었네
멀리서 웃는 입술을 파먹고
끝없이 바다를 바라보고 싶었네

해는 서쪽에서
동쪽으로 취업하고 있다

이상한 하늘 아래

잘려나간 손가락들
디딜 곳 없는 발바닥들
골절된 모가지들

하늘 숲 속 우리들
코스모스가 되었다

하얀 웃음

푸른 구름은

새벽이 되기 위해 어두워지고 있다

질퍽한 바닥 보랏빛 골목

하루하루를 버티려고

새벽을 깨우는 녹슨 운동화

지하계단 입구 구멍 난 신발

가라앉는 먼지는 어디서 왔을까

담벼락 아래

질경이 꽃부리 하나 우뚝

더 이상 길이 없어도

사랑이 지나가네

부서진 얼굴이 웃고 있네

검은 노을

허공을 넘어가는
해묵은 크레파스
아버지를 그리다가
아버지가 되어버린
철없는 시간

슬레이트 지붕 아래
텅 빈 방
소등된 웃음소리를 듣는다

모든 걸 바닥에 꺼내놓고 죽은
고양이는 아름답다

폐업한 공장 굴뚝은
금이 갔지만 노을은
가볍게 웃지 않는다

살점을 떼어내는 검은 부리
붉은 혀를 가진
아름다운 당신
기울어진 빛을 붙잡고
서쪽으로 가고 있다

존재

수족관 물고기가 나를 보고 있다
물고기의 고향은 어디였을까
어딘가를 응시하는 눈빛은 참으로
다행스러운 일이지만 세상을 격리하는 눈빛을 닮았다
고향을 떠난 이들은 또다른 눈으로 살아간다
잠들지 못하는 뜬 눈 살아있는 눈
세상과 타협하여 비굴해지려는 그런 눈이 아니다
맑은 하늘을 닮은 눈이다
죽음에 이르기까지 감지 않는 영원한 눈이다
물고기의 눈 안에 바다가 산다
시작과 끝은 모든 존재의 근원적 문제이다
우리는 쇠사슬에 구속되어 있다
탈출해야 한다
피와 눈물 그리고 땀 속에서
날마다 질기고 억척스런 눈으로 살아야 하는 존재들이다

우는 어금니

골목이 얼굴을 가리고 숨는다
해 질 녘 눈빛으로
더 어두워진 옷을 입고
개 한 마리가 짖어대고 있다

당신은 가난해서
외로운 하루를 살아가고 있다
다시 굽어지는 절박한 골목

창백한 표정이 말하고 있는
담벼락은 녹슬었다
무지랭이들이 저잣거리를 배회하고
차가워지는 체온을 붙잡고 있다
허기진 골목을 폭식하는
검은 어금니가 컹컹 울고 있다

위험한 그림자

해 질 녘
서투른 아이가 불투명한 발음으로
우울을 말하고 있다
알아들을 수 없는
귀를 가진 풀잎은
얼굴을 숨기고 있다

갈림길에서
모자를 눌러 쓰고
그 여자가 다시 지나갈
확률에 대해 의심하지 않는다
하나를 가진 자는
행복이라고 쓸 수 있다
나는 무엇 하나로
이 지친 삶을 위장하고 있을까

붉은 립스틱으로 읽고 있는 입술이 웃는다

욕망이 사라지고
방문을 잠근
위험한 데카당스
더 깊은 어둠으로
그림자가 사라진다

지우개 달린 자전거 바퀴

발자국이 전신줄에 걸려있다
자기 맘대로 휘청거리는 비닐봉지
별이 남긴 온기가 점점 차가워진다
눈이 바퀴를 달고 서쪽을 향한다
떠나가는 모든 삶은 아름답다
지나간 아버지와 술 취한 두 발 자전거
비틀거리다가 빛 속으로 숨는다
그림자가 되기 위해
아버지는 하얗게 지워지고 있다

저기에 사람이 있다

적막한 밤길
웃음을 찾아
똑똑하게 고백하는
맨땅이 파열하고 있다
몸짓으로 독백하는
구름이 흔들리고 있다

시간을 파먹는 사람들
교차로에서 헤어진 발자국을 매장하고
겨울을 매복시키는 긴 생명들
지금 사라지는 뿌리는
파랗게 웃는다

엉킨 공간을 뚫고
빠져나가는
골목 끝
그 사람이 서 있다

내가 있는 곳

찢어진 햇살 아래 구멍 난 창문이 비틀거린다
나와 당신이라는 사이에 바람이 있다
차가움이라는 술을 마시고
도로변에 누운 고양이가 창자를 나누어줄 때
수면제를 마시고 긴 밤을 청하는 눈빛이 떠오른다
어디를 향하고 있는지 아무도 모르는 것처럼
내일을 걸어갈 두 다리를 찾지 못할 수 있다
만약이라는 경우의 수를 추측하는 것만큼
모르는 길로 빠져나가는
물방울들이 배수구로 곤두박질하고 있다

사랑이라는 한 잔의 술을 마시는 것과
이름을 아는 여자를 만날 확률은 같다
주인공처럼 나비처럼
날개를 달고 휘청거리는 바닥
개미 혓바닥이 바람을 삼키고
나는 그 바람 속 가까이 있다

안개는 혀끝으로 찾아온다

회색이 되거나 사라지는 오늘

부서지는 먼지들이 퇴장한다

깨어진 도로를 뛰어가는 운구차 경적을 울리지 않는다

처음이었던 당신

가지 끝

푸른 싹이 돋고 있다

젖은 회귀回歸

물든 숲

우글거리는 벌레 중 하나는

예약한 다음 생이거나

만기 된 전생이었을까

어둠이 되려고

보이지 않는 작은 곳으로

멀리 달아나는

하얀 당신은

해설

구순성(口脣性)의 시학

이민호(시인, 문학평론가)

1. 위험한 데카당스

자아는 홀로 마련되지 않는다. 세계와의 관계 속에서 이루어진다. 그러므로 시를 쓸 때는 은연중 윤리적일 수밖에 없다. 어떻게 살아야 하는가의 문제이기 때문이다. 이때 성찰과 공감이 윤리의 바탕이 된다. 성찰은 자기를 살피는 일이며 공감은 남을 헤아리는 마음이다. 그런 측면에서 라윤영의 시는 특별하다. 쉽게 반성하고 고백하지 않으며 상투

적으로 타자와 손잡지 않는다. 달리 말하면 그의 시적 상상력은 새로운 자아의 가능성을 열어 놓지 않으며 타자성의 천착을 외면하고 있다. 이 고독한 시 쓰기는 퇴폐적이다.

라윤영의 시에서 나타나는 불안감, 강박관념은 19세기 말 프랑스 문학에서 싹 텄던 '데카당스'의 양상처럼 보인다. 기존 가치 체계에 대해 눈길을 돌리지 않고 오히려 반항적이며 냉소적인 시적 화자와 반복해서 조우하기 때문이다. 이는 다분히 사회적인 위기감에서 비롯된 문화현상이다. 그러나 라윤영의 시에서 우리 사회의 세기말적 징후를 쉽게 포착할 수는 없다. 그런 점에서 프랑스 시인 마리-끌레르 방꺄르(Marie-Claire Bancquart)의 말처럼 '스스로를 부정하지 않고는 정확하게 자신을 정의할 수 없는' 심적 상황의 반영이 아닐까. 좀 더 구체적으로 '전체와 집단의 공포에 대한 반응으로…드러나는 양상은 축소와 분할을 통해 더 이상 나눌 수 없는 단순체, 단자(monade)에 도달하려는 욕망의 표현'은 아닐까.

이 시집에는 수많은 '입술'이 존재한다. 특정할 수 없는 '어떤 입술'이다. 왜 시적 화자는 이토록 '입술'에 매달리는가. 이 구순기(口脣期)적 지향은 리비도가 입에 집중되었던 유아기의 상태로 돌아가려는 욕망과 유사하다. 이 욕망의 밑바닥에는 가장 단순하며 더 이상 나눌 수 없는 단자로서 영혼의 정수가 자리하고 있다. 시적 화자는 거기에 도달하고자 입을 통해 빨고, 먹고, 깨물었던 기억을 소환하였다. 그러므로 이 시집의 양상은 스스로를 축소하고 분할하는 데카당스를 감행한 흔적이라 할 수 있다. 묻지 않을 수 없다. 무엇이 시적 화자를 공포에 몰아넣었는가. 이 집단적 공포의 트라우마는 어디서 기인하는가.

'돌격' (「분홍여자」)/ '가격' (「폐교」)/ '포격' , '침투' (「서쪽」)/ '숙영지' (「망각」)/ '관통' (「마지막 노래가 들려올 때」)/ '전투' (「첫 문장」)/ '매복' (「저기에 사람이 있다」)

이 일련의 군대용어는 라윤영의 개인언어다. 이 언어들은 시적 화자의 삶 속에 파고든 불안과 강박의 기표들이다. 이처럼 라윤영의 군체험은 중요한 문제이자 담론이다. 군 시절은 정신분석학에서 말하는 '찢긴 세계' 처럼 보인다. 시적 화자를 상실감에 노출된 자아로 살 수밖에 없게 한다. 한 명의 병사로 징집되는 순간은 '센 타자' , '대타자' 로 군림하게 되는 경험이다. 라윤영은 그 공간에 있었을 뿐이지 전체주의적인 위치를 원한 것은 아니다. 그런데 이 구속과 통제의 순간은 동시에 절대적인 약자가 되는 때이기도 하다. 그래서 시적 화자는 '앓는 자' 가 될 수밖에 없다. 치유되어야 할 고통이다. 또한 윤리적 선택을 주저하게 했던 한

계상황이라 할 수 있다.

라윤영의 시는 사물을 윤리적으로 바라보지 않고 기억의 대상으로 삼는데 특징을 삼을 수 있다. 이러한 시적 태도에서 욕망과 일상과 언어가 긴밀히 서로 호응한다. 또한 이러한 흐름에서 그의 시는 위악적(僞惡的)이다. 짐짓 비뚤어져 있다. 스파이처럼 우리 편의 질타와 공격을 받음으로써 적의 호평과 신뢰를 얻어내려는 심산이다. 그러나 그의 데카당스는 위험하다. 즉 본심이 아니다.

해 질 녘
서투른 아이가 불투명한 발음으로
우울을 말하고 있다
알아들을 수 없는
귀를 가진 풀잎은
얼굴을 숨기고 있다

갈림길에서
모자를 눌러 쓰고
그 여자가 다시 지나갈
확률에 대해 의심하지 않는다
하나를 가진 자는
행복이라고 쓸 수 있다

나는 무엇 하나로
이 지친 삶을 위장하고 있을까

붉은 립스틱으로 읽고 있는 입술이 웃는다
욕망이 사라지고
방문을 잠근
위험한 데카당스
더 깊은 어둠으로
그림자가 사라진다

—「위험한 그림자」 전문

구순기의 아이는 언어가 없다. 오직 입으로 느끼고 표현한다. 시적 화자는 진정으로 우울을 얘기하지 않는다. 다만 일부러 그렇게 보이게 하고 싶을 뿐이다. 그러기에 아이의 발음은 불투명하며 알아들을 수 없다. 위장된 삶에서 행복을 발견하는 대상은 '여자' 로 이미지화 되었다. 왜 그 여자여야 하는가. 그녀는 화자의 언어를 읽을 수 있는 입술을 지녔기 때문이다. 그녀는 구순기의 기억을 지닌 존재다. 아무리 퇴폐의 얼굴로 위장해도 드러나는 그림자는 구순기 아이의 얼굴을 숨기고 있다.

구순기적 욕망은 대체로 어린애 같고 낙천적이며 즉각적인 만족을 추구한다. '어떤 입술' 의 접촉은 가장 인간적인 본능으로 돌아가는 일과 같다. 먹고 마시고 배설했던 순간. 인간 밑바닥 에너지이다. 데카당스는 본래 실패를 전제로 한 위험이라 할 수 있다. 퇴폐를 시적 우위에 두려는 풍습이 아직도 있다. 독자는 시에서 도취의 수단을 찾고, 시인은 독자에게 영향력을 행사하려는 의도에서 자기 시의 효과를 극대화한다. 독자와 시인의 타락이다. 그러므로 라윤영의 시에서 독자로서 우리가 주목해야 할 것은 그가 자기 실존의 고통을 어떻게 삶 속에 구현했는가를 살피는 일이 우선되어야 한다.

2. 사라진 말들의 성좌(星座)

데카당스가 라윤영 시의 출발점이기는 하지만 그것에서 거리를 두려는 의지를 볼 수 있다. 그래서 라윤영의 현재는 특정한 과거와 만나 이루는 성좌구조(konstellation)를 이룬다. 그는 현실을 보이는 대로 바라보지 않는다. 거기에는 그가 살 수 없기 때문이다. 자신이 가장 중요한 존재라는 사실을 일부러 드러내 보이려 한다. 그럼으로써 그의 시세계는 그를 중심으로 움직이는 별자리가 된다. 그러나 아무도 그가 중심에서 빛나는 엄마별이라는 사실을 알지 못한다. 정확한 언어로 말하지 않기 때문이다. 그의 시는 이러한 불일치에서 출발했다.

구멍 난 취침등 표면
고요히 입주하는 초록
푸른 손톱 등에 자라나고
차가워지는 당신을 위하여
도둑맞은 나를 찾으러 간다

—「벌거벗은 개」에서

너의 말 안에 잊어버린 얼굴이 살고 있다
들풀 밟히고 가지 끝 춤추는 벌레와
다른 웃음으로 우는 나무들
기억이 살고 있는 그림지 안 깊은 세상
낯선 말이 낯익은 얼굴로

—「서쪽」에서

나무와 새 그리고 숲
무거운 옷을 벗어 던지고
구부러진 길이
하늘을 향해 발기하고 있다

—「어떤 사랑」에서

더 깊은 곳으로
휘어진 여자의 등이
골목을 구부리고 있다
썩어가는 나뭇가지를 밟고

—「휘어진 길」에서

벌레로 산다는 건
창틈 사이 사라지는
미세먼지의 입술로
너를 부르는 것

—「한 발짝 성큼 숲 」에서

골목이 얼굴을 가리고 숨는다
해 질 녘 눈빛으로
더 어두워진 옷을 입고
개 한 마리가 짖어대고 있다

—「우는 어금니」에서

시적 자아는 '도둑맞고, 잊어버리고, 구부러지고, 휘어진' 이미지 속에 갇혀있다. 그리고 '길, 골목, 벌레, 얼굴'에 투사되어 상실한 자아의 구멍처럼 드러난다. 이는 삶의 에너지인 리비도의 출혈을 초래해 다 소진해 버려 앓는 자로 시인은 남게 된다. '벌거벗은 개(「벌거벗은 개」), 옷을 벗는 풀잎들(「푸른 여자」), 옷이 찢긴 노랑머리 여자(「사과를 탐하다」)' 로 변주되면서 자아는 신체의 노출에 직면한다. 마침내 몸은 해체되어 부분적으로 인식된다. '음부로, 엉덩이로, 귀로, 발로, 뼈로, 귀로, 입술로' . 특히 입술은 이 모든 신체의 해체를 통합한다. 상실된 자아의 제유적 상징이라 할 수 있다. 이 축소와 변형의 자아해체 때문에 위악적 전략은 큰 효과를 보지 못한다. 그러므로 아무런 경계도 칠 수 없는 무방비 상태를 극복하기 위해 시적 화자는 서둘러 구순기로 퇴행하고 만다. 그 결과 언어를 잃고 라윤영의 시는 두 살 어린 아이의 옹알이 같은 중얼거림이 꼬리에 꼬리를 물고 반복된다. 그 반복의 구심적 중심은 '여자' 이거나 '그림자' 이다. 특히 여자는 '입술' 로 치환되어 붉은 감각으로 부각된다.

들어갈 수 없는 문이 있었네

골목 지퍼를 잠그고

조용한 밤이 걸어가네

문을 열어줄래?

방 안엔 오래된 그림들이

집을 나간 애인을 기다리듯

벽 속 시간은 고요히

그림자는 모두 지나간 말

벽 속에 문장을 만들고

다시 짓는 빈집

기억이 할퀸 손톱은

풀잎 푸른 입술로

또다시 파르르

발음하는 어떤 입술

비밀의 혀를 숨기고서

—「어떤 입술」 전문

시적 화자는 차단된 상황에 놓였다. '들어갈 수 없는 문' 앞에 놓인 상태는 부정하고 망각해버리고 싶지만 그러면

그럴수록 '들어가야 한다' 는 강박이 더 강화된다. 이 문을 여는 방법을 알 수 없다. '알리바바와 40인의 도적' 이야기처럼 시적 화자는 도둑떼에게 도둑맞은 무언가가 문 너머에 있다는 사실을 확신하고 있다. 그곳으로 들어가기 위한 열쇠, 즉 언어가 있어야 하는데 그것을 찾을 수 없다. '알리바바' 가 동굴 안에 들어가 보물을 차지하기까지 수행했던 스토리를 라윤영의 시 쓰기에는 찾을 수 없기 때문이다. 그가 할 수 있는 일은 변신하는 일 뿐이다. 우선 '밤' 으로 분하여 문을 통과한다. 무의식으로 들어간 것이다. 그 방안에는 '그림자' 가 있다. 바로 무의식적 자아이다. 그리고 '입술' 로 치환된 또 다른 주체 혹은 타자가 있다. 그림자는 말을 벽 속에 가두었다. 무의식에서 벗어나면 망각될 언어다. 하지만 시적 화자의 온전한 언어이기에 자꾸 떠오른다. 현실에서는 잃어버린 언어다. 다만 '어떤 입술' 을 가졌던 주체만이 또렷이 기억하고 있다. 그러므로 시적 화자는 '입술' 에 집착할 수밖에 없다. 그 입이 기억하는 언어를 통해 자신을 증명할 수 있기 때문이다. 이는 이 시집의 주요 테마다. 자기 증명의 방법을 어떻게 할 수 있는가를 따져보는 과정이 시로 형상화되었다. '다시 짓는 집' 은 비어 있다. 이 채울 수 없는 결핍과 상실이 동일이미지의 반복을 초래했다. '파르르' 떠는 생의 감각을 맛보았기에 이 굴레는 멈출 줄 모른다. 이처럼 시적 화자는 해체된 자아를 치유하기 위해 구순적 욕망을 반복해 추구하지만 이 찢긴 세계에서 그를 회복시키는 은유는 따로 있다. '나무'와 '바람'의 이미지다.

저기, 별은 누가 던진 돌멩이일까
한 무리의 돌멩이 별무덤 되었다
재개발지구 회화나무들
자라지 못한 잎들 지상으로 입관하였다
입을 함구한 나무들의 향거
바람에 꽃이 지고 풀잎들 한쪽으로 기울었다
발부리에 채인 돌멩이를 정원에 심는다
입을 다문 정원의 꽃들
이별의 블루스 들리지 않는
담벼락 넝쿨들 푸른 멍 들었다
씨앗들 거친 땅 뚫고 돌 틈 사이 돋아주기를
세상의 나무들처럼 하늘로 올라서기를
누군가의 손에 닿으면 돌멩이는 별이 되기도 하였다
돌멩이 하고 부르면 바람의 손에서 날아가
오늘, 시가 되기도 하였다
여기 돌멩이 하나 있다

—「돌멩이」 전문

햇살은 웃음을 머금고
나무는 종이 위에 동그라미를 그린다
나를 담아내는 둥근 원 하나
마당에 나무가 자란다
나무의 몸은 둥글다
모자를 쓴 나무의 머리
창에 기댄 그림자 손 뻗으면
우울을 창작하는 화가처럼
고요는 기억을 붙잡는다
노을 발자국 따라가던 흔적 지워질 때
지우개 달린 연필을 쥔 손가락과
하늘 긁어놓은 손톱 우주 속으로 달아난다
그 해 겨울 꿈틀내던 별이 말하던 파린 꿈
밀려드는 급한 잠과 사라진 새의 깃털
안과 밖의 간극을 깨고
뚝 떨어지던 열매 하나
허공이 이불처럼 따뜻하다

—「따뜻한 동그라미」 전문

이 두 편의 시에서 라윤영의 사라진 언어를 만날 수 있다. 이 언어는 '동그라미' 의 폐쇄성을 일거에 잠금 해제한다. 이 열쇠는 여인의 입술 너머 비밀의 혀(「어떤 입술」에서)를 '돌멩이' 로 구체화시키는 데서 경이로운 변화를 일으킨다. 이는 동그라미 속에 돌멩이를 던져 넣는 행위라 할 수 있다. 이때 경계는 한 번 무너진다. 동그라미 속 주체가 그 돌멩이를 들고 밖으로 다시 던질 때 다시 한 번 경계는 무너지고 아예 사라진다. '안과 밖의 간극을 깨' 는 이 시적 상상력은 '재개발지구' 의 서사를 토대로 핍진함을 보인다. 비로소 라윤영의 시는 성찰과 공감의 층위에서 윤리적이다. 갇힌 자아(그림자)는 나무로 변주되어 우주를 꿈꾸는 상승 욕망을 표출한다. 이는 축소되고 은폐됐던 자아의 탈주이다. 우주목(宇宙木)처럼 하늘을 향해 치솟는 생명의 분출이다. 이 순간 입술 속에 갇혔던 라윤영의 시적 상상력은 우울과 침묵의 기억을 폐기하고 리비도의 출혈을 지혈하며 상처를 아물게 한다. '파란 꿈' 을 지닌 나무의 생명력은 '꿈틀대는 별' 들을 거느리는 별자리로 재생한다.

'재개발지구 회화나무' 는 또 하나의 별자리를 만들어 지상에서 반짝인다. '입을 함구한 나무들의 항거' 는 소리 없는 아우성이 되어 타자를 향해 호명한다. 너도 돌멩이가 되어 나의 별이 되라고. 이 수직의 상상력은 '바람의 손' 에서 만들어진다. 이 경이로운 바람의 동력은 찢긴 세계의 문앞을 서성이며 손에 쥐고자 했던 자유의 언어다. 바람의 상상력은 '거친 땅 뚫고' 상승하는 씨앗의 축제를 기원한다. '나무' 와 '바람' 은 캄캄한 데카당스를 열고 나온 별과 같다. 이 언어가 중심을 이루며 수많은 어린 별들을 거느리고 회전할 수만 있다면 라윤영 시의 성좌는 오래 빛날 것이다.

3. 숨겨진 먼지

세계와 자아와의 갈등이라는 측면에서 라윤영의 시는 이미 클리셰(cliché)를 내장하고 있다. 짐짓 위악적이고 일부러 퇴폐적인 듯 하지만 시의 형식은 단일하다. 아니마로 채색된 퍼스나 속에서 나와야 하지 않을까. 언어를 잃은 시의 모양은 전위적인 듯 유혹적이지만 이는 시인도 속고 독자도 속는 신파극의 위험을 안고 있다. 왜냐하면 전위를 외치며 후위에 선 품새이기 때문이다. 그래서 라윤영의 시적 전도(前途)는 이제 구순기에서 나와 더 나아가야 한다. 그는 그의 별자리의 중심이다. "엄만 죽지않는 계단(「엄마」에서)"이라 말했던 김종삼의 시적 명제처럼, 밤하늘 살아 움직이는 별들을 거느리기 위해서는 죽지 않을 지혜가 필요하다. '계단' 으로 변신하는 자기변주의 헌신 같은 것. 이 시집에서 그 징후를 읽을 수 있다. '붉고 푸른 발바닥(「달맞이 꽃 진 자리」)' 의 이미지에 담긴 소수자의 언어들.

톱날에 베인 나무처럼 공장에서 해고당했다

호주머니에 남은 천 원짜리 지폐와 동전 몇 개
공원 빈 의자에서 깡소주를 들이켠다
이유 묻지 않는 낡은 의자가 자리를 내주었다
땅바닥에 개미가 지나간다
나도 가난한 일개미였다
앞만 보고 가는 개미 앞을 딱 막아섰다
멈칫 올려다 본 개미와 눈 마주친다
개미를 보는 개미는 안다
검은 몸뚱이 험한 세상 앞만 바라본 행로를
밟혀도 죽고 강물을 만나 돌아가기도 하고
때로 향기 좋은 꽃밭을 지나기도 했다
푸른 이파리는 허공의 좋은 침대다
나무에 올라가 운수 좋은 날
하늘광장의 흰 구름 휘휘 저어 구름지도를 새겼다
골목길 따라 발자국 도장을 찍고
개미가 개미에게 가고 있다

— 「개미가 개미에게」 전문

베인 나무는 상승욕망이 거세된 시적 화자의 현실을 반영하고 있다. 고통에 직면해 비로소 타자와 공감하게 된다. '개미', 즉 소수자의 발견은 새롭게 상승의지를 불러일으키는 동력이다. 이 타자의 인식은 먼지처럼 동거하면서도

쉽게 눈에 띄지 않는 보잘 것 없는 존재의 연대에서 시작된다. 이처럼 시적 화자가 구순적 '입술'에 만 매달리는 것은 아니다. '먼지투성이 골절된 발목(「휘어진 길」)/ 손과 발이 없는 먼지(「다음 계절이 나를 부를 때」)/ 어두운 방 침선된 눈물처럼 쌓여 있는 비관적인 먼지(「재개발지구」)/ 역전 의자에 내려앉은 먼지(「사라진 엉덩이」)/ 어둡고 습한 공장의 먼지(「숲이 어두워질 때」)/ 지하계단 입구 구멍 난 신발에 가라앉는 먼지(「하얀 웃음」)'. 이 먼지의 행렬은 라윤영의 시집에 발자국을 내며 아우라를 발산한다. 이는 독자의 내면을 찌르는 흉터이다. 시인이 의도했을지는 모르지만 우리의 정서에 깊이 박히는 흔적이다. 롤랑 바르트가 말한 '푼크툼'이다. 우리를 요동치게 한다. 이 찌름은 앓고 있는 시인의 치유의 메시지이기도 하다. 시적 화자는 '다시 고치며 친절하게 걸어가는 먼지의 가벼운 발걸음(「사라진 엉덩이」)'에서 삶의 실천적 길을 열고 있다. 이는 먼지처럼 사라진 자기 언어의 복원을 통해 치르는 자아의 자기 존재증명이기도 하다.

시는 역사를 만들지 못한다. 이 세계에 어떻게 존재해야 하는가, 그 안에서 무엇을 탐색해야 하는가를 수행할 뿐이다. 시는 단지 고유한 예술의 한 가지 형식일 뿐이다. 역사를 운위하며 투쟁하는 삶의 기록이 아니다. 그러기에 부지런히 실천하는 삶의 행로만이 눈부시다. 거기에 세계도 인간도 더불어 거주하고 있다. 그렇다면 라윤영의 시도 윤리적이다. 그의 이번 시집은 조금 다르지만 어째 미완으로 보이지만 이 세계를 이해하고 그 안에서 버티며 살아가려 안간힘 쓰는 열망이 고스란히 투영돼 있기 때문이다. 궁극적으로 자아의 방기와 타자성의 부재가 한국 현대시의 위기를 초래했다는 측면에서 라윤영 시의 앞날에 윤리적 상상력의 또 다른 모색을 기대한다.

애 지 시 선